Découvrez l'histoire par les archives de presse

RETRONEWS

Le site de presse de la BnF

www.retronews.fr

BULLETIN

SOCIÉTÉ DUNKERQUOISE

BULLETIN

DE LA

SOCIÉTÉ DUNKERQUOISE

POUR

l'Encouragement des Sciences, des Lettres et des Arts

(Reconnue d'utilité publique par décret du 13 Février 1883)

1897

1er Fascicule

DUNKERQUE

IMPRIMERIE C. CODDÉE, 19, RUE DE BEAUMONT

1897

— 5 —

Séance mensuelle du 10 Janvier 1897

La séance est ouverte à 10 heures, sous la présidence de M. Isambert.

Présents : MM. Terquem, père, président honoraire ; Isambert et Vaneste, vice-présidents ; Henri Terquem, secrétaire général ; Quiquet, archiviste ; E. Bouchet, Callot, Collet Ernest, Daigremont, Dodanthun, Debacker, Gourliau, Lefebvre Charles, J. Morel, Vaillant et Jannin, secrétaire.

En l'absence du Président, M. Duriau père, qui s'est fait excuser, M. Isambert, vice-président, procède à l'installation du Bureau pour l'année 1897. « Il est heureux, dit-il, de pouvoir remercier en son nom personnel et au nom de ses collègues la Société qui a bien voulu leur continuer sa confiance pour une nouvelle année, regrettant toutefois qu'un de leurs collègues, M. Emile Debacker, n'ait pas accepté le renouvellement de son mandat dont il s'était toujours acquitté à la satisfaction générale. » Puis il invite M. Henri Terquem à s'asseoir au bureau en sa qualité de Secrétaire-général.

Le procès-verbal de la séance de Décembre 1896 est lu et adopté.

La correspondance comprend :

1° Un faire-part du décès de M. Claudin-Chervin aîné, fondateur de l'Institut des Bègues, à Paris, membre correspondant de la Société Dunkerquoise.

2° Une lettre du Président de la Chambre de Commerce de Dunkerque informant la Société qu'il met à sa disposition la salle de la Bourse pour l'Exposition d'Art photographique et décoratif qui s'ouvrira au mois de Juillet prochain.

3° Une lettre circulaire du Comité chargé d'organiser les Congrès historique et archéologique de Malines, priant la Société Dunkerquoise de faire parvenir le plus tôt possible les questions qu'elle désirerait soumettre au Congrès.

4° Une circulaire de la Société Industrielle du Nord de la France contenant un extrait du procès-verbal de l'Assemblée générale du 26 octobre 1896.

M. C. Lefebvre, trésorier, dépose sur le Bureau ses comptes de gestion pour l'année 1896. Une commission de trois membres est nommée pour les examiner. Elle se compose de MM. James, Guillain et Gourliau.

Il est procédé ensuite à la formation des commissions pour le nouvel exercice.

Sont nommés membres de la Commission :

1° d'Impression { MM. Champion, Ch. Duriau, Gourliau, Quiquet et Sigerson.

2° Histoire et Lettres { MM. Bachelu, E. Bouchet, Daigremont, G. Duriau, Jannin, J. Lefebvre, H. Lefebvre, Quiquet, Sigerson, Champion.

3" Sciences { MM. Charles Collet fils, Isambert, Charles Lefebre, Vaneste et Terquem père.

4" Beaux-Arts { MM. Broutta, Herprech, James, Lecocq, Mine, J. Morel, Néerman et Van Moé.

L'ordre du jour appelle les lectures.

M. Fesquet expose très clairement quelques observations qu'il a faites sur les diverses applications des rayons Rœntgen.

Ce travail sera publié dans le bulletin semestriel en préparation.

La parole est donnée ensuite à M. E. Bouchet qui résume verbalement la lecture qu'il comptait faire ; « *Colbert fondateur de la Marine française* ». Cette lecture, sur sa demande, est remise à la prochaine séance.

M. A. Champion continue la série des lectures en répondant à une des questions posées par le Congrès des Sociétés savantes pour 1897.

« *Serait-il utile d'apporter des modifications aux conditions et formalités exigées pour le mariage ? Quelles devraient être ces modifications ?* »

L'auteur fait ressortir que l'individu ne jouit d'aucune liberté, puisqu'il faut pour s'unir, conformément à la loi, l'autorisation, non seulement du père et de la mère, mais à défaut de ceux-ci, celle des ascendants ou collatéraux.

Les difficultés de toutes sortes hérissant le mariage sont autant d'obstacles à des unions assorties ; de plus les préjugés s'y ajoutent. Le mariage, bien souvent, serait plus une spéculation familiale que l'obéissance à une loi naturelle. « A force de vouloir trop bien faire, on a tout mal fait. »

La puissance paternelle et l'intérêt pécuniaire sont le plus souvent les piliers sur lesquels s'appuie ce que nous appelons le mariage.

Au nom de la dignité humaine, du respect de la liberté individuelle, l'auteur développe les raisons qui militent en faveur d'une réforme absolue des lois régissant le mariage et, comme conclusion, demande aussi la suppression de l'autorisation paternelle.

Après cette intéressante communication, très goûtée de l'auditoire, M. Champion est félicité par M. Isambert qui le remercie en même temps, au nom de la Société, pour les judicieuses remarques qu'il vient d'exposer dans l'ouvrage destiné au prochain Congrès.

M. Henri Terquem, en l'absence de Me d'Hooghe, veut bien se charger de lire une pièce de vers intitulée " Dissection ", où l'auteur a jeté quelques idées éclatantes, pleines de sons et de couleurs et où le scepticisme se montre âpre et mordant. Il est décidé que cette poésie sera insérée dans le prochain bulletin.

M. Henri Terquem termine enfin la série des lectures en exposant un procédé géométrique pour repérer un panorama photographique, c'est-à-dire rapporter avec certitude à la carte un point quelconque de la photographie et réciproquement. Ce procédé, excessivement simple, ne demandant d'autres connaissances que la lecture d'angles sur le rapporteur, permet de satisfaire la curiosité du touriste photographe qui désire savoir avec précision le nom des montagnes et des villages qu'il a vus et photographiés.

M. Isambert félicite vivement M. Henri Terquem de son intéressante communication et il est décidé qu'elle sera insérée dans le prochain bulletin.

L'ordre du jour étant épuisé, la séance est levée à 12 h. 1|2.

OUVRAGES REÇUS

1. Bulletin de la Société Industrielle du Nord de la France. — 24e année. — N° 96. — 3e Trimestre 1896. — Un volume broché. — Lille, 1896.

2. Bulletin de la Société de Géographie de Lille. — 17e année. — Tome 26e. — N° 11. — Novembre 1896. — Une brochure.

3. Bulletin de la Société d'Agriculture, Sciences et Arts de la Sarthe. — 11e Série. — Tome XXVII, XXXVe Tome de la Collection. — 1895 et 1896. 4e Fascicule. — Un volume broché. — Le Mans 1896.

4. Bulletin de la Société Industrielle du Nord de la France. 24e année. — N° 95. — 2e Trimestre 1896 — Un volume broché. — Lille, 1896.

5. Bulletin de la Société des Amis des Sciences et Arts de Rochechouart. — Tome VI. — N° IV. — Une brochure. — Rochechouart, 1896.

6. Bulletin de la Société Industrielle d'Amiens. — Tome 34e. — N° V. — Septembre 1896. — Une brochure. — Amiens, 1896.

7. Bulletin de la Société des Sciences Historiques et Naturelles de l'Yonne. — Année 1896. — 50e volume. — Un volume broché. — Paris Auxerre, 1896.

8. Bulletin Historique et Philologique du Comité
des Travaux Historiques et Scientifiques. —
Année 1896. — Nos 1 et 2. — Un volume broché. — Paris, Imprimerie Nationale, 1897.

9. Comptes-Rendus du Congrès des Sociétés Sa-
vantes. — Section des Sciences. — Tenu à la
Sorbonne en 1896. — Un volume broché. —
Paris, 1896.

10. Journal de la Société d'Agriculture, du département des Deux-Sèvres (Maître Jacques). —
No 11. — 6e série. — Novembre 1896. — Une
brochure.

11. Journal de la Société Régionale d'Horticulture du
Nord de la France. — No 12. — Décembre 1896.
— 16e année. — Une brochure.

12. Journal l'Agriculture et la Construction dans le
Nord. — 5e année. — No 6. — Juin 1895. —
Une brochure avec gravures.

13. A. Faidherbe, Président d'honneur de la
Société de Géographie de Lille. — Séance
Solennelle du 23 Octobre 1896. — Allocution
de M. Paul Crépy, Président et discours de M.
Merchier. — Une brochure. — Lille, 1896.

Publications Étrangères

14. Boletin Mensual del Observatorio, Météorologico
Central de Mexico. — Mes de Septiembre et
Octubre 1896. — 2 brochures. — Mexico, 1896.

2ᵉ NOTE

sur la Technique des Rayons Rœntgen

par M. E. FESQUET, Membre honoraire

Messieurs,

Depuis ma dernière communication (1), la nature des rayons Rœntgen est restée inconnue ; mais si la théorie est encore complètement à faire, la technique expérimentale de la photographie à travers les corps opaques a fait beaucoup de progrès. Ce sont ces perfectionnements que je désire aujourd'hui vous exposer brièvement.

Je vous disais, Messieurs, que les rayons X se formaient à l'endroit où les rayons cathodiques frappaient l'ampoule de verre, c'est-à-dire que dans les anciens tubes de Crookes alors employés, tous les points de la partie fluorescente du verre constituaient des sources de rayons X. Je faisais aussi justement remarquer que la radiographie étant pour ainsi dire une ombre chinoise fixée, sera d'autant plus nette que la surface d'où partent les rayons X sera plus petite. C'est cette idée qui a fait construire les nouveaux tubes

____

(1) Mémoire sur les rayons Rœntgen Mémoire de la Société Dunkerquoise. Vol. XXIX.

si puissants, qu'on appelle focus de Thomson, ou tubes à foyer de platine. Ils se composent d'une ampoule de verre mince dans laquelle le vide a été fait à un millionième d'atmosphère et portent une cathode et une anode par lesquelles arrive le courant de la bobine d'induction. La cathode est une calotte sphérique concave en aluminium produisant un faisceau de rayons cathodiques convergeant en un point qui est le centre de la calotte sphérique. L'anode est une lame de platine inclinée passant par ce point. Or, on sait que les rayons cathodiques produisent des rayons X chaque fois qu'ils viennent frapper un corps solide. Donc, dans les focus, il se produira un faisceau de rayons X émanant d'un seul point de l'anode et donnant ainsi des radiographies de la plus grande netteté ; toute la paroi de l'ampoule est illuminée d'une belle fluorescence, mais les rayons Rœntgen ne s'y forment pas ; ils la traversent simplement, continuant leur direction rectiligne.

Ces fours sont extrêmement puissants : ils permettent d'obtenir la radiographie d'une main avec une seule étincelle de la bobine d'induction. Aucune partie du corps humain n'échappe aujourd'hui à cette méthode d'investigation. C'est ainsi qu'au mois de Juin dernier, MM. Brissant et Londe ont obtenu en une heure et demie de pose un cliché d'une netteté remarquable représentant une balle de revolver engagée dans la masse cérébrale d'un homme vivant. M. Seguy a obtenu plus récemment un bassin et un thorax avec vingt minutes de pose seulement. On avait pensé pouvoir appliquer la méthode a l'étude des maladies du rein ; malheureusement cet organe, à cause de la présence de chlorures, de phosphates et d'urates dans sa masse est relativement opaque. La présence des calculs de cholestérine dans la vésicule biliaire se montre plus facilement, car la cholestérine, substance organique, est plus transparente que la bile elle-même qui contient beaucoup de sels minéraux.

Pour les corps de peu d'épaisseur tels que la main, le pied, le bras, on a renoncé à la photographie. On se sert tout simplement de la vision directe par les écrans luminescents. On est donc revenu à la première expérience du professeur Rœntgen, mais avec des appareils perfectionnés, puisque les nouveaux tubes permettent d'illuminer un écran florescent à une distance de dix mètres, à travers une épaisseur d'un mètre de bois. Il faut dire que ces derniers tubes, de construction très difficile, ne sont pas encore tombés dans le domaine pratique. Les focus, dont on se contente généralement encore, montrent très nettement sur l'écran fluorescent l'ombre des os du pied à travers une forte chaussure et c'est là une expérience extrêmement curieuse que j'espère pouvoir vous montrer un de ces jours.

E. FESQUET.

10 Janvier 1897.

ANCIEN TUBE

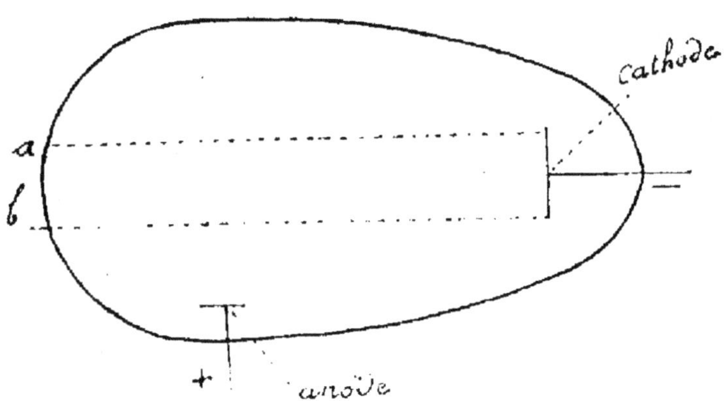

Les rayons X émanaient de toute la partie *a b*

NOUVEAU TUBE

OU FOCUS

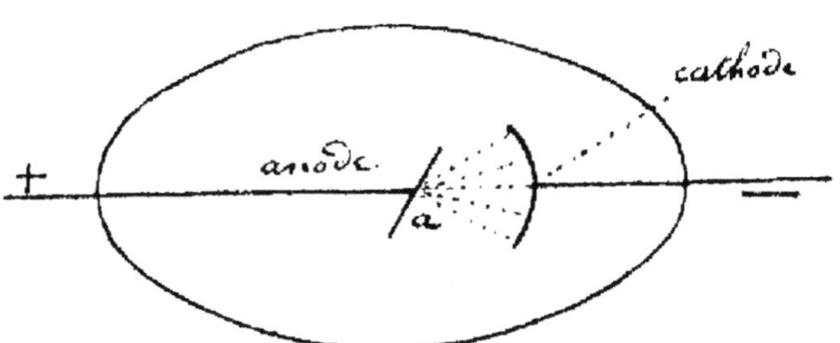

Les rayons X émanent simplement du point *a*
et partent de là dans toutes les directions tra-
versant l'ampoule de verre.

DISSECTION

Par M. Edouard d'HOOGHE, *Membre titulaire*

Taille, carabin, maigre aux yeux avides, taille
Sous ma peau, mon dernier vêtement abattu,
Fouille mon cœur raidi sous le sternum qui saille
Mon cœur vide d'amour qui n'a jamais battu,

La bouche dont l'alcool impur brûla les lèvres
Et le ventre creusé qu'émacia la faim,
Et les épaules qu'ont fait frissonner les fièvres,
Et les pieds vagabonds qui rôdèrent sans fin.

J'ai vécu pour souffrir et j'ai souffert pour vivre
Et c'est à ton scalpel que la lutte aboutit !
J'ai pleuré tous les soirs où je n'étais pas ivre :
Dire que j'avais faim quand j'étais tout petit !

Et que j'ai, prisonnier de la misère infâme,
Vécu comme une bête et crevé comme un chien,
Que je pouvais avoir comme d'autres une âme,
Et que je suis mort seul, mort seul, entends-tu bien !

Cherche avec ton scalpel dans ma cervelle nue
Le cauchemar obscur et fixe qui hanta
Cette chair à souffrance, à la fin revenue
Mourir à l'hôpital où la mère enfanta.

Taille, carabin, maigre aux yeux aigus, qu'importe
Un vagabond de plus au long des grands chemins ;
Le marbre où vous avez ouvert ma mère morte
N'est pas près de chômer de nos lambeaux humains.

DU REPÉRAGE D'UN PANORAMA PHOTOGRAPHIQUE

Par M. Henri TERQUEM, *Membre titulaire*

On sait qu'il est relativement facile, même sans pied, d'obtenir au moyen de la photojumelle Carpentier (6 1/2 x 9) de fort jolis panoramas. Lorsqu'après avoir fait du haut d'un sommet, en montagne soit un tour, soit une fraction de tour d'horizon, on a impressionné une série de clichés, on les transforme en les tirant en une bande photographique sur laquelle se profilent les reliefs du sol. Comme les sommets sont placés à des distances variables, il devient fort délicat, par suite d'erreurs d'appréciation très faciles à commettre, de les repérer avec certitude.

En effet, à moins d'être absolument familier avec le pays photographié, la consultation simple de la carte donnera des notions fort insuffisantes sur le profil *vu* des ondulations de terrain indiquées par les hachures. D'autre part la teinte grise ou bleue que prennent les montagnes à une certaine distance permet difficilement d'apprécier sur la photographie l'éloignement relatif des différents profils.

On peut, en appliquant la géométrie et la lecture de la carte à la photographie arriver à déterminer les différents points d'un panorama avec une précision presque mathématique.

Lorsque l'observateur regarde successivement deux points quelconques, ses deux rayons visuels forment un angle dont la projection sur le sol peut facilement être reportée sur la carte, si l'on connaît parfaitement le lieu où il se trouve, et l'un des points visés. Si l'on peut déterminer cet angle d'après la photographie, il est évident qu'on retrouvera sur la carte un point quelconque du panorama.

Un panorama peut être considéré comme la projection de tous les points situés devant l'observateur, sur un cylindre vertical dont la génératrice est à l'horizon et la photographie n'est autre chose que cette projection réduite à une échelle indéterminée.

Dès lors l'épreuve photographique du panorama est le développement d'une impace cylindrique de rayon inconnu.

Supposons que d'une manière quelconque ayons déterminé le rayon de ce cylindre photographique, nous pouvons le reconstituer. Nous construirons les angles au centre formés par les projections sur une section droite (horizontale) du cylindre des rayons visuels aboutissant à deux points quelconques, l'angle de ces deux projections est précisément celui qu'on lira sur la carte en joignant au point d'observation les deux points géographiques qu'on a considérés sur le panorama.

Il suffira que l'un des deux points soit parfaitement connu pour qu'aussitôt l'autre se trouve facilement déterminé.

Pour calculer le rayon du cylindre, il faut connaître deux points précis (cloches au sommet avec point trigonométrique) ; appelons A la longueur de la projection horizontale de la droite passant par ces points sur la photographie, et l'angle formé sur la carte par les droites menées du point d'observation avec deux points donnés, et étant l'angle au centre de l'arc A, nous avons :

$$\frac{A}{2\,r} = \frac{a}{360}$$

$$\text{d'où } \quad r = \frac{360 \cdot A}{2}$$

Découpons dans un carton un cercle de rayon r que nous graduons, et enroulons le panorama ; la projection d'un des points connus étant prise pour origine, pour retrouver sur la carte un point quelconque, il suffira d'abaisser une verticale sur la circonférence, de tirer la graduation correspondante, elle est la mesure de l'angle au centre formé par la direction d'origine avec celle du point cherché.

Reportons cet angle sur la carte au point d'observation et à partir de la droite passant par l'origine, le point à repérer se trouvera sur la droite formant l'autre côté de l'angle (1).

Le plus souvent il sera facile à la simple inspection de la carte de reconnaître le point ; néanmoins, s'il s'agit de montagnes et qu'on ait un doute, il suffira de tracer le profil du terrain le long de cette droite et de mener du point d'observation des tangentes pour déterminer les profils vus.

Henri TERQUEM.

____

(1) Sur un panorama de 220°, on a, par ce procédé, repéré tous les points avec une erreur maxima de 4°.

Séance du 7 Février 1897

La séance est ouverte à 11 heures, dans une salle de la Bibliothèque Communale, sous la présidence de M. Duriau père, Président.

Sont présents : MM. Terquem père, président honoraire ; Isambert et Vaneste, vice-présidents ; Henri Terquem, Secrétaire général ; Charles Lefebvre, trésorier ; E. Bouchet, Coolen, Champion, Daigremont, Dodanthun, Ch. Duriau, G. Duriau, Debacker, Fesquet, Gourliau, Jules Lefebvre, Quiquet, Reumaux, Vaillant, Van Moé et Jannin, secrétaire.

Le Président donne la parole au Secrétaire pour la lecture du procès-verbal de la dernière séance qui est adopté.

La correspondance ne comprend qu'une carte postale du Polybiblion, ou Revue bibliographique universelle, priant la Société Dunkerquoise de bien vouloir lui faire parvenir le dernier volume de ses Mémoires, le Polybiblion ayant l'intention d'en parler dans sa prochaine publication.

Cette proposition, mise aux voix, est acceptée.

Une candidature est proposée. Conformément au règlement, elle sera affichée jusqu'à la prochaine réunion.

La parole est donnée à M. Gourliau, rapporteur de la commission chargée d'examiner les comptes du trésorier. Dans un rapport verbal, M. Gourliau expose que la Commission a constaté que les dépenses et les recettes sont bien justifiées et propose d'approuver les comptes du trésorier ainsi que son projet de budget pour 1897. Le Président met aux voix les propositions de la Commission qui sont adoptées à l'unanimité et, au nom de la Société, il remercie M. Ch. Lefebvre du zèle et du dévouement qu'il a montrés dans le cours du dernier exercice.

M. A. Champion communique son rapport sur l'Exposition des projets de constructions à édifier dans l'arrondissement. Ce projet avait été proposé par M. Champion à la séance du 4 août dernier. La Commission des Beaux-Arts a cru devoir y apporter certaines modifications dont les principales sont :

1° De faire à Dunkerque une exposition annuelle des projets de constructions à élever dans la ville ou dans l'arrondissement, les dits projets conçus exclusivement par des personnes habitant Dunkerque ou l'arrondissement depuis trois ans au moins ;

2° De vérifier tous les 4 ans, avec l'autorisation des auteurs, les constructions édifiées : La Société pourrait alors décerner des médailles sur l'ensemble des travaux.

Ces propositions sont acceptées et il est décidé en outre que cette exposition sera organisée tous les ans.

M. Fesquet continue la lecture qu'il avait commencée à la précédente séance sur les rayons X, du professeur Rœntgen. Il termine en disant qu'il se propose de développer les expériences qu'il vient de soumettre à la Société, dans une conférence qu'il fera à la Mairie.

M. E. Bouchet demande la parole pour rappeler l'intéressante brochure de M. G. Duriau sur le Paupérisme. Il émet l'idée de rechercher les moyens de supprimer à Dunkerque les abus qui s'y commettent au moment de l'embauchage des ouvriers. M. Sigerson répond qu'il est occupé actuellement à écrire, en collaboration avec M. G. Duriau, un ouvrage sur la question. Ce travail sera présenté à l'une des prochaines réunions.

M. E. Bouchet, ne pouvant faire la lecture qu'il avait annoncée sur Colbert, communique à la Société un travail sur Charles-Quint, au point de vue de ses relations avec Dunkerque. L'entrée du Souverain espagnol dans sa *bonne ville* est pleine de détails intéressants pour l'historien au point de vue des mœurs et coutumes flamandes au XVIe siècle. L'heure avancée ne permettant pas à M. E. Bouchet de terminer complètement sa lecture, la suite en est remise à la prochaine réunion. La séance est levée à 12 heures 40.

3ᵉ NOTE

sur les applications des rayons Rœntgen

par M. E. FESQUET, *Membre honoraire*

Messieurs,

Puisque j'ai commencé à vous parler des rayons Rœntgen, il faut bien que je continue, chaque jour amenant de nouveaux progrès ; c'est ainsi que depuis ma dernière communication (1), on a fait des applications bien intéressantes, des nouvelles radiations. Je vais donc vous causer quelques instants des applications actuelles des rayons X.

Je ne reviendrai pas sur leur emploi comme méthode d'investigation chirurgicale ou pathologique. Cependant je ne puis passer sous silence les derniers résultats acquis : les 7 et 14 décembre dernier, le docteur Bouchard a montré à l'Académie des Sciences que la radiographie pouvait être appliquée au diagnostic des épanchements pleurétiques, servant ainsi de terme de comparaison à l'auscultation. Je citerai aussi les deux belles photographies internes d'un enfant qui avait avalé une pièce de billon de cinq centimes ; ces radiographies, présentées à l'Académie de médecine par le Dʳ Arugon le 8 décembre, font voir nettement la pièce arrêtée dans l'œsophage, d'où le docteur Péan put l'extraire rapidement.

____

(1) Séance de Janvier, in Bulletin de la Soc. Dunkerquoise.

Le degré plus ou moins fort de transparence ou l'opacité des divers corps aux rayons X a permis d'en faire une méthode d'analyse chimique : On se rappelle les travaux faits à ce sujet au laboratoire municipal de Paris par M. Girard sur les divers explosifs, et ce procédé est aujourd'hui couramment employé. Dès le début aussi, MM. Buguet et Gascard ont montré que les rayons X permettaient de reconnaître aisément les diamants vrais des diamants faux sans les sortir de leur monture et sans aucun risque. Les diamants vrais se laissent facilement traverser, les faux sont complétement opaques.

Une application curieuse est la suivante : on sait depuis longtemps que les cocons contenant une chrysalyde mâle donnent un rendement en soie beaucoup plus considérable que les cocons femelles. Or, il est facile maintenant de reconnaître le sexe de la chrysalide à travers le cocon : la chrysalide femelle contient des œufs, qui seront fécondés, lorsqu'elle sera devenue papillon, et ces œufs sont moins transparents que le reste du corps. On peut donc faire la séparation des mâles et des femelles, et on espère arriver ainsi à développer par la sélection le caractère de la prédominance des mâles dans les pontes.

Il me reste à vous parler, messieurs, de l'application thérapeutique des rayons X. On a remarqué que lorsqu'une partie du corps est soumise pendant un temps assez long aux rayons X, malgré l'absence totale de sensation à l'endroit de pénétration de ces rayons, ils produisent sur la peau une rubéfaction, comme le ferait un sinapisme ou une insolation : la partie frappée est aussi, en général, épilée. On a, à cause de cette propriété, pensé aux rayons Rœntgen, pour remplacer les pointes de feu, et dans certains cas de tuberculose superficielle, il semblerait qu'ils aient eu une action curative, détruisant radicalement les microbes de la maladie. Mais je ne veux pas insister davantage, ces questions n'étant plus de ma compétence. Je tenais cependant à vous les indiquer, pour vous montrer tout ce qu'on peut espérer de la grande découverte du professeur Rœntgen.

6 Février 1897.

E. Fesquet.

OUVRAGES REÇUS

1. Annales de la Société Académique de Nantes. — Volume 7ᵉ de la 7ᵉ série. — 1896, 1ᵉʳ semestre. — 1 volume broché.

2. Bulletin de l'Académie royale d'Archéologie de Belgique. — 4ᵉ série des Annales. — 2ᵉ partie. — XXVIII. — Une brochure. — Anvers, 1896.

3. Bulletin de la Société Archéologique d'Eure et Loir. — Nᵒ 226. — Janvier 1897. — Procès-verbaux. — Une brochure. — Chartres, 1897.

4. Bulletin de la Société d'Anthropologie de Paris. — Tome 7ᵉ. — IVᵉ série. — 1896. — Fascicule 5. — Un volume broché. — Paris, 1896.

5. Bulletin de l'Union Géographique du Nord de la France. — Tome XVIIIᵉ. — 3ᵉ Trimestre 1896. — Une brochure.

6. Bulletin de la Commission des Antiquaires de la Seine-Inférieure. — Tome X. — 2ᵉ Livraison. — Un volume broché. — Rouen, 1896.

7. Journal de la Société d'Agriculture des Deux-Sèvres « Maitre Jacques ». — Nᵒ 12. — 6ᵉ Série. — Décembre 1896. — Une brochure.

8. Journal de la Société Régionale d'Horticulture du Nord de la France. — Nᵒ 1. — Janvier 1897. — 17ᵉ année. — Une brochure.

9. Journal des Savants. — Novembre et Décembre 1896. — Paris, Imprimerie Nationale. 1896. — 2 brochures in-4°.

10. Journal de la Société Régionale des Architectes du Nord. — 5ᵉ année. — N° 7. — Juillet 1895. 7ᵉ année. — N° 1. — Janvier 1897. — Deux brochures avec planches.

11. Mémoires de l'Académie Nationale des Sciences, Arts et Belles Lettres de Caen. — Un volume broché. — Caen, 1896.

12. Revue de l'Histoire des Religions (Annales du Musée Guimet). — 17ᵉ année. — Tome XXXIV. — N° 1. — Juillet, Août. — N° 2. — Septembre, Octobre. — N° 3. — Tome XXXIII. — Mai, Juin. — 3 volumes brochés. — Paris, 1896.

13. Société Botanique des Deux-Sèvres. — Flore du Haut-Poitou. — Matériaux pour une Géographie botanique régionale. — 3ᵉ livraison. — Une brochure.

Publications étrangères

14. Boletin Mensual del Observatorio Météorologico Central de Mexico. — Mes de Noviembre 1896. 1 brochure.

15. Estadistica Général de la Républica Mexicana del Dʳ Antonio Penafiel. — 1 volume grand in-8°. — Mexico, 1896.

16. Boletin de la Réal Académia de la Historia. —
Tomo XXX. — Guaderno 1. — Enero, 1897. —
Une brochure. — Madrid, 1897.

17. Levensberichten der Afgestorven Medeleden van
de Maatschappij der Neder landsche Letterkunde. — Te Leiden. — Un volume cartonné.
Leiden, 1896.

18. Handelingen en Mededeelingen van de Maatschappij der Nederlandsche Letterkunde. —
Over het Jaan 1895-1896. — Un volume cartonné. — Leiden, 1896.

Séance du 7 Mars 1897

La séance est ouverte à 11 heures 1/4, sous la présidence de M. Duriau père, Président.

Présents : MM. Terquem père, Président honoraire ; Isambert et Vaneste, Vice-Présidents ; Terquem Henri, Secrétaire général ; Quiquet, archiviste ; E. Bouchet, Calot, Champion Ernest, Collet, E. Debacker, Delaage de Belfaye, Ch. Duriau, G. Duriau, Daigremont, Gourliau, Lefebvre Henri, Lefebvre Jules, Vaillant et Jannin, secrétaire.

Le Président donne la parole au secrétaire qui communique le procès-verbal de la séance de février.

Aucune observation n'ayant été faite, le procès-verbal est adopté.

La correspondance comprend :

Une lettre de M. Bailly, domicilié à Paris, appelant l'attention de la Société Dunkerquoise sur la publication d'un ouvrage tiré à 300 exemplaires seulement, *Dictionnaire Chinois-Français*, formant cinq volumes in-quarto.

Ce dictionnaire n'étant d'aucune utilité pour la Société, il est décidé qu'il ne sera donné aucune suite à l'offre de M. Bailly et que la Société n'y souscrira pas.

L'ordre du jour appelle l'élection d'un membre résidant : M. Rogier, Receveur principal des Douanes à Dunkerque, est élu à l'unanimité membre titulaire résidant.

Exposition d'arts décoratifs. — M. E. Debacker, invité à faire connaître le résultat des travaux de la commission, nommée pour la prochaine exposition d'arts décoratifs, déclare que la Commission n'a pas encore terminé son travail et qu'elle doit se réunir de nouveau pour arrêter définitivement les principales lignes de cette manifestation artistique.

Concours de Lecture et de Déclamation. — Le Président propose ensuite de nommer la Commission chargée d'élaborer le programme des concours de lecture et de déclamation pour 1897. Sont nommés membres de cette commission : MM. Gourliau, Ch. Duriau, Champion, James, Jannin, Terquem Henri, Quiquet, Henri Lefebvre, Mine, Sigerson, Dooghe et Guillain.

Lectures. — M. E. Bouchet achève la lecture qu'il avait commencée dans la précédente séance, d'un extrait inédit d'une histoire populaire de Dunkerque. C'est le chapitre consacré au règne de Charles-Quint.

Après avoir montré les difficultés qui résultaient pour les Dunkerquois de l'autorité exercée simultanément sur la ville de Dunkerque par un seigneur territorial espagnol et par un seigneur foncier français, l'auteur fait le récit des visites effectuées à Dunkerque par l'empereur, mais il s'applique surtout à mettre en lumière l'importance que la marine dunkerquoise avait acquise au commencement du XVIe siècle. Les documents municipaux de cette époque permettent en effet de constater que la ville, encouragée dans cette voie par le pouvoir central, fit de nombreux armements de navires de guerre et que nos marins se couvrirent souvent de gloire dans leurs luttes contre les Français, en particulier contre les Dieppois. M. Bouchet signale surtout une grande bataille navale livrée en 1555, où les bâtiments français et les navires flamands combattirent avec acharnement sans que, d'un côté ou de l'autre, on pût se vanter d'avoir obtenu un résultat décisif.

Des travaux importants effectués au chenal par ordre du magistrat, afin d'en accroître la profondeur et d'en faciliter l'accès, avaient été la conséquence de ces armements. M. Bouchet insère dans sa notice des renseignements officiels établissant combien, dès le XVIe siècle, l'administration locale dunkerquoise était soucieuse de veiller au bon entretien du port.

M. le Président félicite et remercie M. E. Bouchet de son intéressante communication et les membres présents joignent leurs félicitations personnelles à celles du Président.

Au moment de lever la séance, M. Bouchet signale à toute l'attention de la Compagnie un important travail de M. Funck-Breutano, intitulé *Philippe le Bel en Flandre*. L'auteur a pris pour thèse la justification du roi de France et la défense de la ligne politique qu'il suivit contre le comité Guy. de Dampierre. Sans doute, les érudits versés dans la connaissance de l'histoire des Flandres au moyen-âge discuteront plus d'une des assertions de M. Funck-Breutano ; mais son travail, qui témoigne d'une connaissance approfondie du passé flamand, apporte un contingent important de documents et de faits nouveaux. Au point de vue plus spécialement Dunkerquois, qui intéresse surtout la Société, on y trouve l'indication de sources utiles à consulter pour retracer l'histoire de la marine flamande au moyen-âge.

La séance est levée à midi 40 minutes.

OUVRAGES REÇUS

1. Bulletin de la Société de Géographie de Lille.— 18ᵉ année. — Tome 27ᵉ. — Nᵒ 1. — Janvier 1897. — Une brochure.

2. Bulletin de la Société libre d'émulation du Commerce et de l'Industrie de la Seine-Inférieure. — Exercice 1895-96. — Un volume broché. — Rouen 1896.

3. Bulletin de la Société Industrielle d'Amiens. — Tome 31ᵉ. — Nᵒ VI. — Novembre 1896. — Une brochure grand in-8ᵒ. — Amiens 1896.

4. Journal de la Société d'Agriculture du département des Deux-Sèvres (Maître Jacques). — Nᵒ 1. — 7ᵉ série. — Janvier 1897. — Une brochure.

5. Journal de la Société régionale d'Horticulture du Nord de la France. — Nᵒ 2. — Février 1897.— 17ᵉ année. — Une brochure.

6. Journal de la Société Régionale des Architectes du Nord de la France. — 7ᵉ année. — Nᵒ 2. — Février 1897. — Une brochure in-4ᵒ avec planches.

7. Mémoires de l'Académie de Metz. — 2ᵉ Période.
— LXXVIᵉ année. — 3ᵉ série. — XXIVᵉ année.
1894-95. — Un volume broché avec photo-
gravures. — Metz 1896.

8. Mémoires de l'Académie d'Arras. — 11ᵉ série.—
Tomes XXV, XXVI et XXVIIᵉ. — 1894-95-96.
— 3 volumes brochés. — Arras 1894-95-96.

9. Revue des Travaux scientifiques. — Tome XVI.
Nº 9. — Une brochure. — Paris 1896.

Publications étrangères

10. Boletin de la Réal Académia de la Historia. —
Tomo XXX. — Guaderno II. — Febrero. —
1897. — Une brochure. — Madrid 1897.

11. Boletin de Agricultura, Mineria é Industrias,
publicado por la Secrétaria de Fomento, Colo-
nizacion é Industria de la Républica Mexicana.
Ano V. — Num. 8 à 11. — Février à décembre
1896. — 11 volumes brochés. — Mexico 1896.

12. Mémoirs and Proceedings of the Manchester
Litérary et Philosophical Society. — 1896-97.
— 1 volume broché. — Manchester 1897.

Séance mensuelle du 5 avril 1897

La séance est ouverte à 11 heures précises sous la présidence de M. Duriau père, Président.

Sont présents : MM. Terquem père, président honoraire ; Henri Terquem, secrétaire général ; Quiquet, archiviste ; Callot, Coolen, Champion, Delaage de Bellefaye, d'Hooghe, E. Debacker, Daigremont, Ch. Duriau, Fesquet, Gourliau, James, J. Lefebvre, H. Lefebvre, Sigerson, Van Moé et Jannin, secrétaire.

Le procès-verbal de la dernière séance est adopté après lecture.

La correspondance comprend :

1° Une lettre de la Société française d'Archéologie, adressant à la Société Dunkerquoise un exemplaire du programme du Congrès archéologique qui sera tenu à Nimes du 18 au 25 mai prochain.

2° Un accusé de réception du Ministère de l'Instruction Publique relatif aux 99 exemplaires du bulletin semestriel qui ont été adressés le 26 février dernier pour être distribués aux diverses sociétés savantes.

La parole est ensuite donnée à M. E. Debacker qui communique aux membres présents son rapport sur le projet d'exposition d'arts décoratifs en 1897.

Projet d'Exposition d'Art décoratif

EN 1897

RAPPORT DE LA COMMISSION

La Société Dunkerquoise a nommé une Commission composée de MM. Calot, Delaage de Bellefaye, Detraux et Debacker, chargée d'étudier un projet d'exposition d'Art décoratif en 1897.

Avant de déterminer le caractère de cette exposition, la Commission s'est préoccupée du local qui pourrait y être affecté. Plusieurs emplacements, examinés et discutés, ont été successivement éliminés et la Commission n'avait retenu que les suivants :

La Bourse,

La grande salle de la Chambre de Commerce au Bâtiment Central,

Le Collège,

et, en dernier lieu, les anciens bureaux du Crédit Lyonnais, à l'angle des rues de l'Église et Emmery,

L'exiguïté de chacun de ces locaux ne permettait pas de faire grand. Il fallut se résigner à une exposition restreinte, ne comprenant que la « Peinture sur éventails, sur paravents, sur écrans et sur objets similaires. »

Ce programme adopté, on s'occupa de l'installation.

Des trois emplacements retenus, le local de la Bourse avait d'abord été admis comme le plus convenable ; mais au cours de ses discussions, notre Commission apprit que ce local venait d'être affecté à l'Exposition d'Art photographique organisé également par la Société Dunkerquoise.

Le Bâtiment Central, quai de Freycinet, examiné ensuite, a paru trop en dehors du mouvement de circulation qui, pendant la belle saison, se porte exclusivement vers la plage de Malo-les-Bains, et cette raison nous a fait préférer le Collège Communal.

Notre Président, M. Duriau, informé de ce choix, fit aussitôt les démarches nécessaires pour obtenir que ce local fut accordé à la Société. Les démarches ont heureusement abouti.

Mais ici se présentait une grave objection. Une exposition artistique à Dunkerque n'a de chances de succès que si elle a lieu de la mi-juillet à la fin d'août, et surtout pendant la première période, alors que les touristes sont le plus nombreux en notre ville. Or, la distribution des prix au Collège se faisant dans les derniers jours de Juillet, il ne paraît guère possible, tout en déployant la plus grande activité pour les installations, de faire l'ouverture de l'exposition avant les premiers jours d'Août, ce qui réduirait la durée de l'Exposition à trois semaines au plus.

C'est cette condition très défavorable qui a conduit votre Commission à chercher un autre local.

Les anciens bureaux du Crédit Lyonnais attirèrent l'attention de la Commission. Comme situation, c'est parfait. On visita le local, qui fut reconnu très facile à approprier au genre d'exposition projeté. On s'aboucha avec le propriétaire. Après quelques pourparlers, ce dernier déclara ne pouvoir donner suite à la proposition.

Il faut donc bien revenir au Collège. Mais cette solution ne donne pas complète satisfaction à votre Commission qui ne vient vous la soumettre que pour vous prouver qu'elle a tenu à s'acquitter de la mission que vous lui avez confiée.

Et pour remplir sa mission jusqu'au bout, elle a élaboré pour la future exposition un projet de règlement qu'elle est prête à vous présenter si la Société se prononce affirmativement sur la question du local qu'elle vous propose. »

Le Rapporteur,
EMILE DEBACKER. »

Les conclusions de ce rapport donnent lieu à une discussion à laquelle prennent part la plupart des membres présents ; puis la Société, considérant l'impossibilité matérielle de réunir dans un même local — la Bourse — les expositions d'art photographique et d'art décoratif, et la difficulté de rencontrer un autre emplacement propice, adopte les conclusions de la Commission et décide que l'Exposition d'Art décoratif aura lieu l'année prochaine, en 1898.

Concours de lecture et de déclamation. — M. Quiquet rend compte des modifications apportées récemment au programme du Concours de lecture et de déclamation et, afin de compléter ces explications, M. Henri Terquem donne lecture du programme suivant :

CONCOURS DE LECTURE EXPRESSIVE
(Treizième année)
ET DE DÉCLAMATION
(Neuvième année)

ARTICLE PREMIER

DISPOSITIONS GÉNÉRALES

La *Société Dunkerquoise* organise, pour l'année 1897, un CONCOURS DE LECTURE EXPRESSIVE et un CONCOURS DE DÉCLAMATION.

Seront admis au Concours de Lecture les jeunes gens et les jeunes filles ayant 12 ans au moins et 18 ans au plus le 1er juin 1897.

Les concurrents seront partagés en deux divisions : jeunes gens, jeunes filles.

ARTICLE DEUX

Dans chaque division, les concurrents seront répartis de la façon suivante :

Concours de Lecture

Enseignement Secondaire

1re SECTION. — Toute personne née du 1er juin 1879 au 1er juin 1882 exclusivement.

2e SECTION. — Toute personne née du 1er juin 1882 au 1er juin 1885.

Enseignement Primaire

1ʳᵉ Section. — Toute personne née du 1ᵉʳ juin 1879 au 1ᵉʳ juin 1882 exclusivement.

2ᵉ Section. — Toute personne née du 1ᵉʳ juin 1882 au 1ᵉʳ juin 1885 exclusivement.

Concours de Déclamation

1ʳᵉ Section. — Toute personne née avant le 1ᵉʳ juin 1877.

2ᵉ Section. — Toute personne née du 1ᵉʳ juin 1877 au 1ᵉʳ juin 1881.

3ᵉ Section. — Toute personne née du 1ᵉʳ juin 1881 au 1ᵉʳ juin 1883.

ARTICLE TROIS

Pour le concours de déclamation, la distinction entre l'enseignement primaire et secondaire n'aura lieu que pour les 2ᵉ et 3ᵉ sections.

Pour les concours de lecture et de déclamation, les candidats n'appartenant à aucun établissement d'enseignement indiqueront, dans leur demande d'admission, la catégorie dans laquelle ils désirent être classés.

ARTICLE QUATRE

Tout concurrent ayant obtenu deux années de suite l'un des deux premiers prix dans une section, ne sera plus admis à concourir, quel que soit son âge, que dans la section supérieure.

Tout concurrent ayant obtenu deux années de suite un des deux premiers prix dans la section supérieure sera déclaré hors concours.

Si un nombre suffisant de concurrents déclarés hors
concours se fait inscrire, il pourra être fait entre eux
un concours d'honneur portant sur la lecture et la déclamation et dont la Commission du concours fixera,
s'il y a lieu, les épreuves et les conditions ; ils devront
faire parvenir leur demande d'admission avant le
20 mai, terme de rigueur.

ARTICLE CINQ

INSCRIPTION

Les candidats, sauf l'exception ci-dessus prévue,
devront se faire inscrire avant le 1ᵉʳ juin 1897, par
lettre adressée à M. le Président de la *Société Dunkerquoise*, rue Benjamin Morel, à Dunkerque.

Ils indiqueront dans cette lettre leurs noms et pré-
noms, leur adresse, leurs date et lieu de naissance
ainsi que les renseignements mentionnés à l'article 3.

ARTICLE SIX

Les concours auront lieu aux jours et heures ci-
après :

Le Jeudi 10 Juin. — CONCOURS DE LECTURE
Jeunes gens, 8 heures du matin.
Jeunes filles, 2 heures de l'après-midi.
Le Jeudi 17 Juin. — CONCOURS DE DÉCLAMATION
Jeunes gens, 8 heures du matin.
Jeunes filles, 2 heures de l'après-midi.

Les épreuves seront subies dans les locaux de la
Société Dunkerquoise au Musée Communal, dans
l'ordre des sections définies à l'article 2.

ARTICLE SEPT

DÉSIGNATION DES ÉPREUVES

Pour la lecture : un morceau de prose et un morceau
de poésie au choix du jury.

Pour la déclamation, les candidats subiront deux épreuves :

1° MORCEAU IMPOSÉ. — Les concurrents auront le choix entre l'un des deux morceaux imposés par le jury et mis dès à présent à leur disposition.

2° MORCEAU LIBRE. — Prose ou poésie au choix du concurrent.

Copie de ce morceau sera jointe à la demande d'admission.

Au moment du Concours, les Concurrents pourront avoir sous les yeux le texte ou une copie de ce morceau.

ARTICLE HUIT

DU JURY D'EXAMEN

Un Jury nommé par la Société examinera les candidats inscrits et se prononcera sur le mérite des concurrents.

ARTICLE NEUF

RÉCOMPENSES

La Société se réserve le droit de fixer le nombre et la valeur des récompenses, d'après le nombre des concurrents et le résultat des épreuves.

Le Jury tiendra compte surtout de *l'expression avec laquelle les morceaux auront été lus ou reproduits, ainsi que de la façon dont on en aura fait ressortir les nuances.*

La distribution des Récompenses aura lieu en Séance Publique et Solennelle à une date qui sera fixée ultérieurement.

Dunkerque, le 1ᵉʳ Mai 1897.

La Société adopte dans son intégrité ce programme.

Les morceaux choisis par la commission de ces concours sont adoptés à l'unanimité.

Lectures. — M. A. Champion lit un chapitre de son étude intitulée « Esclave ». Cet ouvrage, très documenté, comprend quatre parties :

L'Ancêtre, l'Esclave, La Femme et *l'Ennemie.*

« Ce qui s'appelle la loi, dit-il, définit ainsi la propriété : Le droit d'user et d'abuser. L'homme a toujours traité la femme comme la terre : c'est sa propriété. »

Dans la première partie, l'auteur s'appuyant sur la loi de la transformation des espèces, considère l'homme comme résumant en soi les atavismes de ceux dont il descend ; l'homme préhistorique ne connaît que l'égoïsme du sauvage et assigne, dès lors, à la femme, la place dont elle ne sortira pas : Femelle, Mère, Esclave.

La seconde partie de l'ouvrage examine le rôle subalterne de la femme, « l'esclave à travers les âges, la main de fer qui pèse sur elle l'amenant à cet état d'indifférence douloureuse brisant tout ressort ; elle est considérée comme « La chose de l'homme ».

On suit dans la troisième partie l'évolution des sentiments dérivant des sensations multiples éprouvées par la femme ; les déviations morales résultant d'un servage dont la forme seule change et l'obligation dans laquelle la femme s'est trouvée de « ruser » avec l'homme ; de là une qualité constante d'un être dont les manifestations extérieures sont souvent en désaccord absolu avec le sens intime.

Le quatrième livre résumant les données précédentes nous fait voir l'« Ennemie », œuvre de ces exactions perpétuelles, de cet abus constant de la force. La femme est arrivée à la haine, consciente ou inconsciente. C'est une sorte de réquisitoire formulé contre l'homme tout puissant.

La conclusion est la demande formelle, absolue, sans restriction aucune, de l'égalité des sexes devant la loi.

Les droits et les devoirs étant les mêmes, vous avez substitué, dit-il, à l'inégalité naturelle qui est dans l'ordre des choses, l'égalité sociale qui doit être l'ordre de la civilisation.

M. le Président remercie M. Champion de son intéressante communication, qui sera insérée au Bulletin.

Sur les instances de quelques membres, M. d'Hooghe récite plusieurs pièces de vers : *Les Grèves*, *Vents d'Ouragan* et *Les grandes Eaux*, où les phrases se déroulent majestueuses et sans emphase pour former un riche et harmonieux décor. La trame légère et délicate, doublée d'une peinture fine et brillante, semble donner aux vers un coloris vif et puissant.

M. le Président adresse les remerciements de la Société à M. d'Hooghe qui a bien voulu accorder la primeur de ces trois poésies à la *Société Dunkerquoise* et il est décidé, à l'unanimité, qu'elles paraîtront dans la prochaine publication semestrielle.

L'ordre du jour étant épuisé, la séance est levée à midi 30.

OUVRAGES REÇUS

1. Bibliographie des Travaux scientifiques (Sciences mathématiques, physiques et naturelles publiées par les Sociétés savantes de la France. — Tome Ier. — 2e livraison. — Un volume grand in-4°. — Paris, Imprimerie Nationale, 1897.

2. Bulletin de la Société des Amis des Sciences et Arts de Rochechouart. — Tome VI. — N° V. — Une brochure. — Rochechouart, 1896.

3. Historique de la Société des Antiquaires de la Morinie. — 45e année. — 180e livraison. — Tome IX. — Année 1896. — 4e fascicule. — Une brochure. — Saint-Omer, 1897.

4. Bulletin de la Société de Géographie de Lille. — 18e année. — Tome 27e. — N° 2. — Février 1897. — Une brochure.

5. Bulletin de l'Académie du Var. — Nouvelle série. — Tome XIX. — 1896. — Une brochure. — Toulon, 1896.

6. Journal de la Société d'Agriculture des Deux-Sèvres (Maître Jacques). — N° 2. — 7e série. — Février 1897. — Une brochure.

7. Le même. — N° 3. — 7e série. — Mars 1897. — Une brochure.

8. Journal de la Société Régionale d'Horticulture du Nord de la France. — N° 3. — Mars 1897.

17ᵉ année. — Une brochure. — Lille. — Palais Rameau.

9. Journal des Savants. — Janvier et Février 1897. — Deux brochures grand in-4º. — Paris, Imprimerie Nationale, 1897.

10. Journal de la Société Régionale des Architectes du Nord. — Publication mensuelle. — 7ᵉ année. — Nº 3. — Mars 1897. — Une brochure avec planches.

11. Bulletin de la Société Archéologique d'Eure-et-Loire. — Nº 227. — Mars 1897. — Mémoires. — Une brochure. — Chartres, 1897.

12. Mémoires de l'Académie des Sciences, Inscriptions et Belles-Lettres de Toulouse. — 9ᵉ série. Tome VIII. — Un volume broché. — Toulouse 1896.

13. Université de Toulouse. — Annuaire pour l'année 1896-97. — Une brochure petit in-4º. — Toulouse 1896.

14. Rapport annuel du Conseil de l'Université (1ᵉʳ Xbre 1896). — Comptes-rendus des travaux des Facultés. — Une brochure in-8º. — Toulouse 1896.

15. Le Nord-Photographe, organe mensuel illustré des Sociétés photographiques de la Région du Nord. — Une brochure.

16. Bulletin mensuel de la Société Caennaise de Photographie. — 6ᵉ année. — 1897. — 15 mars. Une brochure.

Publications Étrangères

17. Description Géologique de Java et Madoura, par MM. Verbeeck et R. Fennema, Ingénieurs en chef des Mines des Indes néerlandaises. — Tome 1 et 2, avec Carte géologique et feuilles annexes. — 2 volumes in-8° reliés et grand atlas contenant nombreuses cartes. — Don du Ministère des Colonies néerlandaises. — Amsterdam 1896.

18. Archivos do Museu National de Rio-de-Janeiro. — Volume VIII. — Un grand volume broché. Rio-de-Janeiro 1892.

19. Bulletin mensual del Observatorio de Mexico. Mer de Diciembre 1896. — Une brochure. — Mexico 1897.

20. Boletin de la Réal Acadimia de la Historia. — Tomo XXX. — Guaderno III. — Marzo 1897. Une brochure. — Madrid 1897.

21. Bulletin de la Société d'Histoire naturelle de Colmar. — Nouvelle série. — Tome III. — Année 1895 et 1896. — Un volume broché. — Colmar 1896.

LA MER

Par M. Edouard d'HOOGHE, *Membre titulaire*

1

LES GRANDES EAUX

Je t'aime, large mer à la vague ample et lourde
Qui retentis aux flancs sonores des vaisseaux
Quand l'orage traînant sa plainte longue et sourde
Fait gémir en passant le gong des grandes eaux ;

Je t'aime, vaporeuse et te voilant de brume
Dans la pure fraîcheur du clair soleil levant
Éclaboussant gaiment de jaillissante écume
Les petits bateaux bruns qui volent dans le vent ;

Je t'aime, toute noire au pied blanc de la dune
Sans une étoile au ciel, sans un phare émergeant
Sous la dure clarté qui descend de la lune
Manteau de deuil coupé d'une bande d'argent

Et je t'aime, stagnante, ensoleillée et morne
Mate et fumante ainsi que du métal fondu
Élargissant l'azur de ta nappe sans borne
Jusqu'à l'azur du ciel avec toi confondu.

Pendant des milliers d'ans tout ce qui devait être
A germé lentement sous tes flots éternels
C'est en toi qu'a dormi le monde avant de naître
Comme un petit enfant sous les flancs maternels.

C'est toi qui nous apprends l'action et les rêves
Qui fais pensifs les fronts et robustes les reins,
Toi, qui fais nonchalants les baigneurs de tes grèves,
Toi qui trempes l'acier du cœur de tes marins.

4

C'est ta fille, Aphrodite, une de tes sirènes
Qu'adore en souriant le monde transporté
C'est toi qui nous donnas la reine de nos reines
C'est toi qui lui donnas l'immortelle beauté.

II

GRÈVES MATINALES

La brise de la mer enveloppante et douce
Plus légère que l'eau, plus fraîche que le vent
Frôle la dune grise et sur la grève rousse
Fait trembloter le bord nacré du flot mouvant.

Une molle buée atténuant les choses
Flotte sur l'horizon en voiles onduleux ;
La plage est un tapis de coquillages roses
La côte est toute blonde au fond des lointains bleus ;

La mer est fraîche et jeune et semble virginale ;
Toutes lasses encor du sommeil de la nuit
Les volutes des flots, sombres sur l'eau très pâle
Se courbent sans écume et déferlent sans bruit.

Oh ! s'en aller, rêvant à des choses très vagues
A pas lents, sur le sable élastique et luisant
Sur le sable ridé par les dernières vagues
Par les tout petits flots expirants du jusant

De l'aube dans les yeux et du vent au visage
Et poursuivant un rêve impossible à finir
S'en aller, s'en aller tout du long de la plage
Comme si l'on devait ne jamais revenir ;

Et dans l'ombre du grand chapeau de paille rousse
Chercher de son regard profond le regard clair
D'une belle à la voix enveloppe et douce
Plus pure que le vent, plus fraîche que la mer !

III

VENT D'OURAGAN

Un musoir d'estacade, un soir mouillé d'automne
Et sous le ciel désert, sur le vide océan,
Un grand vent solitaire, infini, monotone,
Qui s'écoule sans fin de l'horizon béant

Il coule, large et libre, au travers de l'espace,
Baignant ce monde mort de son souffle vivant
Entre le ciel et l'onde, inépuisable il passe
Et le ciel et la mer pleurent avec le vent.

A petits flots serrés et bruissants, sans vagues,
L'eau grésillante fuit sous les souffles glacés
Et les nuages gris, noyés, lâches et vagues,
Glissent d'un vol égal continûment chassés.

Seul, un pavillon noir que l'ouragan tourmente
Mêle les claquements de ses plis éperdus
Aux ronflements du mât vibrant dans la tourmente
Aux sifflements stridents des cordages tendus.

Vent frêle de la mer, roi des libres espaces,
Voyageur éternel des vides infinis,
C'est toi, vent large et fort, qui fais les fortes races,
Et le poitrail carré des matelots brunis,

Vent noble et généreux, dont les fières rafales
Déracinent le chêne et frôlent les roseaux,
O vent d'orgueil qui fais dans l'orage des balles
Claquer superbement la faille des drapeaux,

Vent sans borne et sans maître, haleine inépuisable
Colère du ciel noir et gaîté du ciel bleu,
Vent comme la pensée humaine insaisissable,
Mon âme te salue, ô vent, souffle de Dieu !

IV

AUX BAINS DE MER

Le ciel est blanc, noyé de lumière diffuse
D'un translucide argent où de l'or est dissous,
L'aveuglant flamboiement du jour s'affine et s'use
Voici venir le soir limpide, pâle et doux.

Epaisse et sans reflets, d'un vert opaque et dense
Se fronçant jusqu'au bord net de l'horizon clair
Dans le recueillement d'un infini silence
Gît et s'étale au loin la nappe de la mer.

Et sur elle sans fin, du bord noir de l'espace
Coulent, coulent, sans bruit, d'inépuisables flots,
C'est comme un plissement qui glisse à la surface
De l'immuable mer à l'écrasant repos.

Et la brise flottante et faible qui se lève
A larges souffles frais frôle les flaneurs lents
Qui, nets, noirs et précis, projettent sur la grève
Leur ombre vague et longue, aux tons gris transparents.

Les cafés éclairés sont pleins de gens qui rient.
Parmi l'éclat brutal des verres scintillants
Les violons aigus déchirent, sifflent, crient
Dans un sourd brouhaha de noirs essaims grouillants

Dehors, l'immense paix muette de l'espace
S'élargit ; on dirait que là-bas, sur la mer,
Le blanc soleil, toujours plus lointain, qui s'efface
S'enfonce pour jamais dans le blanc ciel désert.

4 avril 1897.

Edouard D'HOOGHE.

OUVRAGES REÇUS

1. Annales de la Société Académique de Nantes. — Volume 7ᵉ de la 7ᵉ série. — 1896. — 2ᵉ semestre. Un volume broché. — Nantes 1896.

2. Congrès archéologique de France. — LXᵉ session. — Séances générales tenues à Abbeville en 1893. — Un volume broché. — Paris 1895.

3. Congrès archéologique de France. — Séances générales tenues à Saintes et à la Rochelle en 1894. — 1 volume broché. — Paris 1896.

4. Bulletin de la Société d'anthropologie de Paris. Tome 7ᵉ (IVᵉ série). — 1896. — Fascicule 6. — Paris 1896. — Une brochure.

5. Bulletin de la Société de Géographie de Lille. — 18ᵉ année. — Tome 27ᵉ. — Nᵒ 3. — Mars 1897. — Une brochure.

6. Bulletin de la Société Industrielle d'Amiens. — Tome 35ᵉ. — Nᵒ 1. — Janvier 1897. — 1 brochure. — Amiens 1897.

7. Bulletin archéologique du Comité des Travaux historiques et scientifiques. — Année 1896. — 1ʳᵉ et 2ᵉ livraisons.

8. Les Chartes de Saint-Bertin, par M. l'abbé Bled,
Tome IV. — 1er fascicule. — 1 volume broché
in-4°. — Saint-Omer 1897.

9. Revue de l'Histoire des Religions. — Annales
du musée Guimet. — 18e année. — Tome XXXV·
N° 1. — Janvier-Février. — Un volume
broché. — Paris 1897.

10. Journal de la Société Régionale d'Horticulture du
Nord de la France. — N° 4. — Avril 1897. —
17e année. — Palais Rameau. — Une brochure.
Lille 1897.

11. L'Architecture et la construction dans le Nord. —
Publication mensuelle de la Société régionale
des Architectes. — 7e année. — N° 4. — Avril
1897. — Une brochure.

Publications étrangères

12. Bulletin de l'Académie royale d'Archéologie de
Belgique. — 4e série des Annales. — 2e partie. —
XXIX. — Une brochure. — Anvers 1897.

13. Bulletin de l'Institut archéologique Liégeois. —
Tome XXV. — Un volume broché. — Liège 1896

14. Boletin de la Réal Académia de la Historia. —
Tome XXX. — Guaderno IV. — April 1897. —
Une brochure. — Madrid 1897.

15. Boletin mensual del Observatorio Météorologico
central de Mexico. — Mes de Enero 1897. — Un
volume grand in-4° broché. — Madrid 1897.

16. Annual report of the Board of Regents of the
Smithsoman Institution. — To July 1894. — Un
volume relié. — Washington 1896.

Séance du 2 mai 1897

La séance est ouverte à 11 heures 10 minutes, sous la présidence de M. Duriau père, Président.

Sont présents ; MM. Terquem père, Président honoraire ; Vaneste, Vice-président ; Henri Terquem, secrétaire général ; Quiquet, archiviste ; Bachelu, Calot, Ernest Collet, Champion, Coolen, Delaage de Bellefaye, Daigremont, d'Hooghe, G. Duriau et Jannin, secrétaire.

Le Président invite le Secrétaire à communiquer le procès-verbal de la dernière séance. Aucune observation n'ayant été faite, le procès-verbal est adopté.

La correspondance du bureau comprend :

1° Un bulletin du Comité des Sociétés des Beaux-Arts des départements.

2° Une lettre du Président de la Société de statistique de Grenoble, demandant à entrer en échange de publication avec la Société Dunkerquoise.

Cette proposition, mise aux voix, est acceptée.

3° Une circulaire de la Société des Sciences Historiques et Naturelles de l'Yonne, informant la Société Dunkerquoise qu'à l'occasion de la cinquantième année de son existence, elle a décidé de célébrer cette commémoration par une fête spéciale où elle compte réunir toutes les sociétés savantes avec lesquelles elle a correspondu jusqu'à ce jour.

4° Un programme de l'Académie Néerlandaise pour un concours de vers latins qui doit avoir lieu prochainement à Amsterdam.

M. le Président félicite ensuite M. A. Champion, récemment nommé officier d'Académie, de la distinction flatteuse dont il vient d'être l'objet de la part du Gouvernement à l'occasion du Congrès des Sociétés Savantes de province à la Sorbonne.

Les membres présents joignent leurs félicitations personnelles à celles du Président et M. A. Champion, vivement touché de ces marques de sympathies, répond au Président qu'il est surtout heureux d'être décoré comme membre de la Société Dunkerquoise et qu'il considère cette nomination comme un témoignage bienveillant du Ministre pour la Compagnie.

Deux candidatures sont présentées. Elles resteront affichées jusqu'à la prochaine réunion.

M. le Président propose de nommer M. Bouchon, ancien membre titulaire, membre honoraire de la Société. M. Bouchon ayant fait jadis de nombreuses conférences, sous le patronage de la Société Dunkerquoise, il est décidé, à l'unanimité, de le nommer membre honoraire.

M. Ernest Collet demande la parole pour faire une communication sur un projet ayant pour but de former une galerie des souvenirs historiques de notre région (*ci-après*):

Le projet de M. Collet est pris en considération. Une commission composée de MM. Paul Terquem, Jannin, E. Bouchet, Henri Lefebvre et Callot est nommée pour l'examiner.

M. le Président annonce que M. Detraux, membre titulaire résidant et vice-consul de Russie, vient d'être nommé chevalier de l'Ordre de Saint-Stanislas. Il est décidé qu'une lettre de félicitations sera envoyée au nouveau Chevalier pour cette marque de considération du Czar.

M. Henri Terquem communique le règlement de la prochaine exposition d'Art photographique *(ci-après)*:

Cette lecture achevée, la Société fixe le tarif des entrées à l'Exposition.

Plusieurs membres proposent de faire payer comme entrée o fr. 50 par personne. Cette proposition, mise aux voix, n'est pas adoptée. La Société décide alors de mettre les entrées à o fr. 25. D'autres membres expriment le désir de laisser visiter gratuitement l'exposition tous les dimanches, à partir de 2 heures. Cette proposition n'est pas acceptée. Il est décidé qu'au commencement de l'Exposition, il n'y aura pas d'entrée gratuite, mais que vers la fin, le public serait fréquemment admis sans payer.

L'entrée restera libre pendant toute la durée de l'Exposition pour les enfants des écoles accompagnés de leurs maîtres ou professeurs.

A l'occasion de la prochaine Exposition d'Art photographique, M. Henri Terquem signale à l'attention de la Société un journal, le « Photographic Life », qui recueille les adhésions aux Expositions et qui se charge, en plus, moyennant une rétribution fixée d'avance (40 francs), de l'expédition (aller et retour) de toutes les œuvres provenant de l'Angleterre. Il estime que dans l'intérêt du succès de notre entreprise, il y aurait lieu de souscrire aux conditions du « Photographic Life ». Cette proposition, mise aux voix, est acceptée.

L'ordre du jour étant épuisé, la séance est levée à 12 heures 30.

COMMUNICATION de M. ERNEST COLLET

« Monsieur le Président,

Parmi les prix à décerner dans votre concours de 1897, vous avez réservé une médaille d'or à l'auteur de la meilleure biographie des personnages ayant contribué à illustrer l'arrondissement de Dunkerque.

Afin d'accentuer l'importance que vous attribuez à cette question d'étude de notre histoire locale, laissez-moi, je vous prie, vous rappeler les termes de votre programme de concours :

« GALERIE HISTORIQUE DE L'ARRONDISSEMENT DE
» DUNKERQUE.

» Cette étude comprendra la biographie de tous les
» personnages, hommes ou femmes, ayant contribué à
» illustrer l'arrondissement.

» L'ouvrage sera destiné à servir de livre de lecture
» aux écoles ou dans les conférences, sans présenter la
» sécheresse et l'aridité des Dictionnaires et des Ency-
» clopédies courantes. Il pourra également comporter
» des anecdotes intéressantes sur les hommes qui se
» sont distingués dans les différentes époques de l'his-
» toire locale. »

Il n'est douteux pour personne que ce genre de recherche est un lien qui réunira le passé au présent et servira de guide pour l'avenir.

C'est dans cet ordre d'idées que je me suis demandé s'il n'y aurait pas intérêt pour chacun de nous à faire revivre nos aïeux en formant une galerie ayant pour but de les rappeler à la mémoire de tous.

Il serait peut-être difficile de trouver certains portraits, surtout ceux des anciens membres de nos Chambres de Commerce, de nos Municipalités et de nos échevinats. Il en existe pourtant de bien dignes de figurer dans la galerie que je vous propose. Je ne citerai qu'en passant le groupe des Membres de la Chambre de Commerce qui ont pris l'initiative des grands travaux de notre port. Ce groupe ferait très bien en peinture.

Dans ce but, j'ai l'honneur, Monsieur le Président, de vous proposer de fonder à Dunkerque une galerie historique comprenant tous les souvenirs de Jean Bart et de sa famille, des portraits de nos anciens Bourg-mestres, Echevins, Corsaires, Représentants du Peuple, Sénateurs, Députés, Conseillers généraux, Sous-Préfets, Maires et Adjoints, Présidents des Chambres de Commerce, Civils ou Commerçants, des Généraux, Amiraux, Présidents des Sociétés Savantes et autres hommes marquants dans les Lettres, les Sciences et les Arts.

Nos Sauveteurs pourraient former une galerie à part.

En rendant hommage à nos ancêtres, ainsi qu'à ceux qui ont droit à notre reconnaissance, nous paierons vis-à-vis d'eux une dette qui leur est légitimement due. Il suffira aussi de faire une comparaison de ce qu'était notre chère cité au commencement de ce siècle et de ce qu'elle sera à sa fin. Nous pouvons tous être orgueilleux des efforts qui ont été faits ; Sénateurs, Députés, Municipalités, Chambres de Commerce, etc., laisseront à nos enfants des monuments attestant leur passage aux affaires.

On pourrait peut-être objecter les difficultés que rencontrera mon projet dans sa réalisation, mais notre Société, Messieurs, ne saurait être arrêtée par cet obstacle, la dernière exposition des Souvenirs de Jean Bart en fait foi ; c'est même en s'inspirant de cette œuvre et en se renseignant auprès des habiles organisateurs de cette manifestation historique que l'on arrivera ainsi à prouver que ce projet n'est pas irréalisable. J'en ai du reste la conviction profonde.

Voici les noms des promoteurs de cette Exposition qui s'intitulaient « Membres du Comité du Deuxième Centenaire de Jean Bart », noms que je dois à l'amabilité de M. A. Dodanthun que je ne saurais trop remercier de l'empressement qu'il a mis à me donner ce renseignement.

Ce sont MM. :

Alfred Dumont, Président d'honneur ;

Emile Mancel, Président ;

Alexandre Bonvarlet, vice-président ;

G. Cavrois, vice-président ;

J. Beck, trésorier ;

A. Dodanthun, secrétaire.

Membres : G. Bertheloot, Th. Deman, Louis de Lesdain, A. Dodanthun père, Frédéric Duriau, Edmond Fournier, G. Guilbert, J. Lecocq, Lemattre, F. Mockers, T. Reumeaux, H. Schelley, Taverne de Tersud, P. Terquem.

Mon devoir, Messieurs, est de reconnaître que votre projet de concours pour 1897 et l'exposition des Souvenirs de Jean Bart par le Comité du deuxième Centenaire m'ont inspiré l'idée que je viens d'avoir l'honneur de vous soumettre. Afin d'en assurer l'exécution, il conviendrait d'y intéresser la Municipalité pour qu'elle puisse être notre interprète près des familles qui voudraient confier ces portraits à notre ville. Ces précieux souvenirs de notre histoire locale, pour lesquels nous aurions la plus grande sollicitude, seraient un legs que nous pourrions transmettre à nos enfants.

Je propose donc de faire le même appel à notre Chambre de Commerce et de demander à la Société Dunkerquoise de fonder avec elle une galerie historique de nos ancêtres ; d'associer à cette entreprise notre Municipalité ainsi que notre Assemblée Consulaire sous la protection desquelles je vous prie de placer notre œuvre.

J'ai lieu de croire, Messieurs, que ce projet sera favorablement accueilli de tous et je vous prierai de ne pas oublier que si nous sommes Français avant tout, nous faisons toujours partie de notre vieille Flandre et que nous devons nous inspirer de sa noble devise : « L'Union fait la Force ».

J'espère donc obtenir de vous tous un vote unanime et un appui dévoué.

Veuillez agréer, Monsieur le Président, l'expression de mon respectueux dévouement.

Ernest Collet,

Membre de la Société Dunkerquoise.

EXPOSITION D'ART PHOTOGRAPHIQUE

RÈGLEMENT

Article Premier. — L'Exposition sera ouverte le 14 Juillet et close le 31 Août.

Art. 2.— Les épreuves devront présenter un caractère artistique, indépendamment d'une bonne exécution.

Tous les genres sont admis.

Un Jury spécial, composé d'artistes et de photographes, sera chargé des admissions.

Art. 3. — Seront dispensées de l'examen du Jury d'admission, les œuvres ayant figuré aux Expositions d'Art Photographique du Photo-Club de Paris, de l'Association Belge de Photographie, aux Salons d'Art de Londres et de Vienne, aux Expositions Artistiques de Lille et de Caen.

Art. 4. — Toutes les épreuves devront être encadrées ou montées sur bristol. Le nom de l'auteur ne sera inscrit qu'après la décision du Jury d'admission.

Art. 5. — Le nombre des envois et le format des épreuves ne sont pas limités.

Art. 6. — L'emplacement sera gratuit ; mais les frais d'expédition, (aller et retour) et les frais de douane seront supportés par l'exposant ; dans aucun cas, la Société ne pourra être rendue responsable des accidents qui pourraient survenir aux œuvres d'arts, ni des vols ou des pertes d'objets exposés. Toutefois, les plus grands soins seront apportés à l'organisation et à la conservation.

Art. 7. — Aucune œuvre ne pourra être retirée avant la clôture de l'Exposition. La Société se réserve la faculté de prolonger l'Exposition pendant une période de 15 jours au maximum.

Art. 8. — Il n'y aura pas de récompenses, mais chaque Exposant recevra une médaille ou plaquette commémorative.

Art. 9. — Une carte d'entrée permanente, rigoureusement personnelle, sera délivrée à chaque Exposant.

Art. 10. — Les envois devront être précédés d'une lettre d'adhésion et accompagnés d'une notice contenant les noms et l'adresse de l'auteur et la liste des objets exposés.

Les adhésions seront adressées jusqu'au 15 juin et les envois avant le 30 juin, terme de rigueur, à M. le *Secrétaire-Général de la Société Dunkerquoise, rue Benjamin-Morel, 2.*

Art. 11. — Les œuvres admises ou refusées ne seront retournées aux expéditeurs que dans la quinzaine qui suivra la clôture de l'Exposition.

Art. 12. — Durant l'Exposition, la Société de Photographie organisera des concours dont la liste sera publiée ultérieurement et organisera des séances de projections.

Art. 13. — Des récompenses seront distribuées aux Exposants qui voudront bien communiquer des positifs 8^{1/2}/10.

Art. 14. — Tous les cas non prévus par le présent règlement seront réglés par le Comité d'organisation.

Nota. — Pour tous les renseignements, s'adresser à Dunkerque, à M. Henri Terquem, Secrétaire-Général de la *Société Dunkerquoise* ; à Douai, à M. A. Boutique, Secrétaire-Général de la *Société Photographique du Nord de la France*.

Le Comité d'Organisation :

E. HAMOIR, A. BOUTIQUE, H. TERQUEM, Ch. LEFEVRE, J. ALLEMÉS, J. LECOCQ, MASCART, BROUTTA, Gustave DURIAU, Alfred DETRAUX Fils.

OUVRAGES REÇUS

1. Annales de la Société Académique de Nantes. — Volume 7e de la 7e série. — 1896, 2e semestre.— 1 volume broché.
2. Bulletin de l'Académie royale d'Archéologie de Belgique. — 4e série. — 2e partie. — Tome XXIX. — Une brochure. — Anvers 1897.
3. Bulletin de l'Institut archéologique Liégeois. — Tome XXV. — Un volume broché. — Liége 1896.
4. Bulletin archéologique du Comité des Travaux historiques et scientifiques. — Année 1896. — 1re et 2e livraisons. — Un volume broché. — Paris 1896.
5. Bulletin de la Société de Géographie de Lille. — 18e année. — Tome 27e. — No 3. — Mars 1897. — Une brochure.
6. Bulletin de la Société d'Anthropologie de Paris. — Tome 7e (IVe série). — 1896. — Fascicule 6. — Une brochure. — Paris 1896.
7. Bulletin de la Société Industrielle d'Amiens. — Tome 35e — No 1. — Janvier 1897. — Une brochure. — Amiens 1897.

8. Congrès archéologique de France. — IX° session. — Séances générales tenues à Abbeville en 1893. — Un volume broché. — Paris-Caen 1895.

9. Congrès archéologique de France. — LXI° session. Séances générales tenues à Saintes et à La Rochelle en 1894. — Un volume broché. — Paris-Caen 1896.

10. Chartes de St-Bertin (Société des Antiquaires de la Morinie. — Tome IV. — 1er fascicule. — Un volume in-4°. — Saint-Omer 1897.

11. Journal de la Société Régionale d'Horticulture du Nord de la France. — N° 4. — Avril 1897. — 17° année. — Une brochure.

12. L'Architecture et la construction dans le Nord. — Publication mensuelle de la Société Régionale des Architectes. — 2° année. — N° 4. — Avril 1897.

13. Revue de l'Histoire des Religions. Annales du musée Guimet. — 18° année. — Tome XXXV. — N° 1. — Janvier-Février. — Une brochure. — Paris 1897.

Publications étrangères

14. Boletin de la Real Académia de la Historia. — Tomo XXX. — Cuaderno IV. — Abril 1897. — Une brochure. — Madrid 1897.

15. Boletin mensual del Observatorio-Meteorologico Central de Mexico. — Mes de Enero. — 1897. — 1 brochure. — Mexico 1897.

16. Annual report of the Board of Regents of the Smithsonian Institution. — To July 1894. — Un volume relie. — Washington 1896.

Séance du 13 Juin 1897

La séance est ouverte à 11 heures 20, sous la présidence de M. Duriau père, Président.

Présents : MM. Terquem père, Président honoraire ; Isambert, vice-président ; Quiquet, archiviste ; E., Bouchet, Calot, Champion, Coolen, Delaage de Bellefaye, Fesquet, Gourliau, Lefebvre Jules, Henri Lefebvre, Minc, Rogier, Vaillant et Jannin secrétaire.

La parole est donnée à M. A. Jannin pour la lecture du procès-verbal de la dernière séance qui est adopté.

Le président procède ensuite à l'ouverture de la correspondance mensuelle qui comprend :

1° Une lettre imprimée du Directeur de la Société Française d'Archéologie, invitant les membres de la Société Dunkerquoise à assister au Congrès qui se tiendra prochainement à Nîmes ;

2° Une circulaire du maire de Besançon prévenant la Société Dunkerquoise que le Conseil municipal de cette ville a ouvert une souscription et voté une somme importante pour élever un monument en l'honneur de Victor Hugo. Les ressources pécuniaires de la Société étant assez restreintes, les membres présents expriment le regret de ne pouvoir prendre part à cette souscription ;

3° Une lettre de M. A. Champion informant le Président qu'il vient d'obtenir de la ville de Castres le prix Rodière (médaille d'or et 300 francs) pour un concours sur « l'Amour, les avantages et l'utilité du travail ».

M. le Président félicite vivement M. A. Champion de ce nouveau succès littéraire et il est décidé qu'il en sera fait mention au procès-verbal.

4° Une circulaire du Président du Congrès Archéologique de Malines priant la Société de faire connaître dans le plus bref délai possible les noms des délégués qu'elle compte envoyer pour se faire représenter.

Le Président ouvre le scrutin pour l'élection de deux membres titulaires :

M. Massiet du Biest, Procureur de la République à Dunkerque et M. Dieuset, Ingénieur, Chef du Service de la voirie municipale de Dunkerque.

Ces deux candidats sont élus à l'unanimité membres titulaires résidants.

La parole est donnée à M. A. Champion pour la lecture de son compte-rendu sur le Congrès des Sociétés Savantes qui a eu lieu dernièrement à la Sorbonne *(ci-après)* :

Le Président remercie M. Champion et il est décidé que son rapport sera imprimé dans la prochaine publication semestrielle.

La série des lectures continue par une communication de M. E. Bouchet. L'honorable membre ayant eu la pensée de dépouiller la portion actuellement parue, de l'inventaire des archives de la Marine, pour y re-

lever les indications relatives à Dunkerque, et qui
pourraient servir à rédiger l'histoire maritime de notre
port au XVIIᵉ et XVIIIᵉ siècle, offre ce travail à la
Société, jugeant que ce relevé est susceptible de fournir
aux études ultérieures de nos confrères, une contribution utile.

Notre érudit collègue ne se dissimule pas que ce
relevé présente de nombreuses lacunes ; aussi donne-
t-il, en séance, lecture d'une note où il les explique e
les justifie, tout en montrant, par quelques exemples,
le parti qu'il est possible de tirer des renseignements
rassemblés par lui.

La Société décide que le manuscrit sera déposé dans
ses archives, avec mention au procès-verbal, et M. le
Président remercie M. E. Bouchet de l'hommage qu'il
fait à la Compagnie.

L'ordre du jour étant épuisé, la séance est levée à
midi 1|2.

CONGRÈS DES SOCIÉTÉS SAVANTES A LA SORBONNE

en 1897

(Section des Sciences économiques et sociales)

Compte-rendu de Monsieur CHAMPION, délégué de la Société

Messieurs,

Lors de la séance solennelle clôturant les travaux du Congrès des Sociétés Savantes, le Ministre, prenant pour texte de son discours les efforts de nos Sociétés, insista sur le rôle prépondérant qu'elles jouent, en maintenant, cultivant et encourageant le goût de l'étude en France.

Remerciant les Sociétés de province de leur contribution au mouvement général, intellectuel du pays, le Ministre signala l'importance des questions traitées, dans toutes les branches de la science humaine : de ces citations je n'ai retenu que les principales, plus particulièrement ce qui concerne la section des Sciences économiques et sociales à laquelle vous aviez bien voulu me déléguer.

Des interrogations, comme celles qui suivent, ne peuvent laisser aucun de nous indifférent.

— Serait-il utile d'apporter des modifications aux conditions et formalités exigées pour le mariage ? Quelles devraient être ces modifications ?

— Y a-t-il lieu d'autoriser la recherche de la paternité naturelle ?

— Indiquer les moyens qui pourraient être employés, en France, dans le but de stimuler les efforts de l'initiative privée, en faveur de l'assistance des orphelins, vieillards, malades et infirmes.

Voici donc des questions d'ordre absolument humain, officiellement posées.

Il faut convenir que ces interrogations sont quelque peu douloureuses, et la dernière, à l'aurore du XXe siècle, se dresse presque terrible — le mot n'est pas trop fort — veuillez remarquer qu'il s'agit : d'*indiquer les moyens qui pourraient être employés, en France, dans le but de stimuler l'initiative privée, etc.*

Messieurs, je suis de ceux qui croient à la possibilité de toutes les faillites, celles de la Science exceptée.

Malgré moi, (Oui ! je sais que c'est d'un *idéologue*), je vois des armées formidables, je suppute les millions d'hectares encore incultes de la surface de la Terre ; je sens les ressources futures que la Science nous réserve pour la marche en avant, à la conquête du « mieux » — mais il manque du pain !

Autour de nous, parmi nous, les efforts les plus généreux s'accomplissent ; notre collègue, G. Duriau a soulevé, pour Dunkerque, un des coins du voile ; et ce n'est pas peu de hardiesse.

Tous ces généreux efforts ne pourront aboutir, tant qu'on fera seulement appel à la Charité privée, mot admirable dans le domaine sentimental, détestable dans la pratique sociale : car il est de toute évidence que le sacrifice personnel de l'individu étant considéré comme un axiome, la protection du nombre, quant à l'individu, en est un autre.

Il y a donc une branche à créer dans notre enseignement national, et à tous les degrés, celle de la Solidarité humaine.

Puis d'autres questions présentent encore le plus grand intérêt.

— De l'influence que certains impôts peuvent exercer sur le développement de la population.

— Examiner les conditions et les limites que comporte le droit d'association pour se concilier avec la liberté individuelle et l'ordre social.

Je ne puis passer sous silence une question ayant attiré mon attention par son intérêt local, mais que d'autres ont traité, ici, avec une telle compétence, qu'il m'eut semblé téméraire de l'aborder.

— Des origines et du fonctionnement des associations syndicales pour travaux d'assainissement, exemples particuliers choisis dans le Nord et le Sud-Est de la France.

Ce rapide aperçu, Messieurs, des questions agitées dans une seule section — et je n'en ai signalé que quelques-unes — indique assez l'importance du Congrès réunissant nos délégués.

Beaucoup d'autres études ou mémoires, en dehors

du Programme, ont été présentées ; et j'ai pu, dans la lecture d'un fragment de « *Patriotisme* et *Humanité* » soutenir cette thèse qui m'est chère :

« Rien de ce qui touche l'Humanité ne doit nous être étranger. Loin d'être hostile au sentiment de Patrie, il faut, au nom de la vérité, s'appliquer à détruire certaines erreurs funestes à la bonne entente des hommes ; et surtout arracher tout masque dont l'apparence trompeuse sert à mieux dissimuler l'égoïsme personnel ; tel, au « Forum », se déguise, une fois, en parfait citoyen, afin de se dispenser pour l'avenir d'être un homme.

Je termine, Messieurs, prenant la liberté de vous rappeler que l'an dernier, à propos du Congrès de 1896, je comparais l'évolution de vos Compagnies à la sure croissance du germe donnant naissance aux puissants rameaux de l'arbre ; il m'a paru, cette année, que l'on commençait à en apprécier les fruits.

Alfred CHAMPION.

OUVRAGES REÇUS

1. Annales de l'Académie de Mâcon. — 11e série.
    Tome XII. — Un volume broché. — Mâcon 1895.

2. Bulletin historique de la Société des Antiquaires
    de la Morinie. — 46e année. — 181e livraison.
    Tome X. — Année 1897. — 1er fascicule. —
    1 brochure. — Saint-Omer 1897.

3. Table alphabétique des noms, des personnes, de
    choses et de lieux cités dans le tome IX du mê-
    me bulletin.

4. Bulletin de la Société Archéologique d'Eure-et-
    Loir. — N° 228. — Mai 1897. — Procès-verbaux.
    — 1 brochure. — Chartres 1897.

5. Bulletin de la Société des Amis des Sciences de
    Rochechouart. — Tome VI. — N° VI. — Une
    brochure. — Rochechouart 1896.

6. Bulletin de la Société d'Agriculture, Sciences et
    Arts de la Sarthe. — 11e série. — Tome XXVIII.
    — 1897-98. — 1er fascicule. — Un volume bro-
    ché. — Le Mans 1897.

7. Bulletin de la Société d'Étude des Sciences natu-
    relles de Nîmes. — 25e année. — Janvier-Mars
    1897. — N° 1. — Une brochure. — Nîmes 1897.

8. Bulletin et Mémoires de la Société archéologique
et historique de la Charente. —Année 1896. —
6ᵉ année. — Tome VI.— Un volume broché. —

9. Bulletin de l'Union géographique du Nord de la
France.— 1896.— Une brochure.— Douai 1897.

10. Bulletin de la Société de Géographie de Lille.
18ᵉ année. — Tome 27ᵉ. — Avril 1897. — Nᵒ 4.
— Une brochure.

11. Bulletin de la Société d'Agriculture, Sciences et
Arts de la Haute-Saône.— 3ᵉ série. — Nᵒ 27.
Un volume broché. — Vesoul 1896.

12. Bulletin archéologique et historique de Tarn-et-
Garonne. — Tome XXIV. — Année 1896.
1ᵉʳ, 2ᵉ, 3ᵉ et 4ᵉ trimestre. — 4 volumes brochés.
— Montauban 1896.

13. Bulletin de la Société Neuchateloise de Géographie. —Tome VIII.— 1894-95. — Un volume
broché. — Neufchatel 1895.

14. Bulletin et Mémoires de la Société nationale des
Antiquaires de France. — 6ᵉ série. — Tome 5.
— Mémoires 1894. — Un volume broché. —
Paris 1895.

15. Bulletin de la même Société. — Année 1895. —
Un volume broché.

16. Journal des Savants. — Mars et Avril 1897. —
2 brochures in-4ᵒ. — Paris. — Imprimerie Nationale 1897.

17. Bulletin de la Société des Agriculteurs de France.
29ᵉ année. — Nouvelle série. — Nᵒ 4. — Une
brochure. — Paris 1897.

18. Bulletin de la même Société. — 28e session générale annuelle. — Session de 1897. — 3e fascicule. — 1 volume broché. — Paris 1897.

19. Bulletin de l'Union Géographique du Nord de la France. — Un volume broché. — Douai 1897.

20. Journal de la Société régionale d'Horticulture du Nord de la France. — Palais-Rameau.— Lille. — N° 3. — Mai 1897. — 17e année. — Une brochure.

21. L'Architecture et la Construction dans le Nord. publication mensuelle de la Société des Architectes. — 7e année. — N° 5. — Mai 1897. — Une brochure avec planches.

Publications étrangères

22. Boletin de la Réal Académia de la Historia. — Tomo XXX. — Guaderno V. — Mayo 1897. — Une brochure. — Madrid 1897.

23. Boletin Mensual del Observatorio-Météorológico central de Mexico. — Mes de febrero 1897. — Une brochure. — Mexico 1897.

24. Boletin de Agricultura, Mineria e industrias de la Société Industriel de la Républica Mexicana. — Ano VI. Num. 4. — Octubre de 1896. — 1 volume broche. — Mexico 1897.

25. Mémoirs and Proceedings of the Manchester
Literary et Philosophical Society. — 1896-97. —
Un volume broché.

26. Seventeenth annual Report of the United States
Géological Survey to the Secretary of the inté-
rior 1895-96. — In three parts. — 2 volumes reliés. — Washington 1896.